LA NIÑA DE MIS OJOS

LA NIÑA DE MIS OJOS

POEMAS DE
PAOLA GUTIÉRREZ

RIOT OF ROSES
PUBLISHING HOUSE
SEJATNGA
UNCEDED TONGVA TERRITORY
SOUTH WHITTIER, CALIFORNIA

Published by Riot of Roses Publishing House
La Niña de Mis Ojos

Copyright © 2024, Paola Gutiérrez
ISBN (paperback): 978-1-961717-12-1
ISBN (ebook): 978-1-961717-13-8
Library of Congress Control Number: 2024934773

Cover Art ©Jorge Pineda 2024

First Edition, 2024

To request permissions, you may contact the Publisher
at riotofrosesllc@gmail.com

Printed in the United States of America.
www.riotofrosespublishinghouse.com
Cover design by Jorge Pineda
Layout design by M Waseem Aziz at www.arrowupz.com
Edited by Diosa Xochiquetzalcóatl and Brenda Vaca

RESEÑAS ANTICIPADAS

LA NIÑA DE MIS OJOS es más que un relato autobiográfico; es un testimonio de amor, gratitud y transformación. A través de sus páginas, Paola Guitierrez nos recuerda que nunca es demasiado tarde para perseguir nuestros sueños y que el amor y el apoyo de quienes nos rodean pueden ser un faro de luz en los momentos más oscuros.
- Fernanda Kelly, actriz, presentadora, CEO NYTAQ™

LA NIÑA DE MIS OJOS nos sumerge en una reflexión profunda sobre la trascendencia de la familia y la marca que dejan en nuestros corazones. Este libro va más allá de simples relatos, ofreciéndonos historias que tejen un tapiz de familia, tradición y memorias inolvidables que nos transporta a revivir tiempos tanto dulces como desgarradores. Gutiérrez explora el dolor y el amor que han marcado sus raíces desde el principio.
- Andrés Sánchez, Autor, This Body

Plasmada en forma de libro, esta obra conmovedora transmite una humanidad tremenda y vulnerable. Se siente como homenaje poético y se lee como un baúl de recuerdos. Un gran testimonio de una niñez tanto dolida como atesorada.
- m. gamín, escritor y poeta

In Paola Gutierréz' collection, "La Niña de mis Ojos" we journey through her memories and shared family stories, and we get to witness the transformative power of storytelling. Starting with the tragic death of her grandmother, we understand that her own mother is left behind to be raised by her dad and siblings. In this way Gutierréz is drawing a line that connects this loss to her own. She is teaching us about empathy and the generational trauma that oftentimes can leave us feeling paralyzed by fear, "pinche miedo" she writes. She recognizes the need to transcend this fear. The poems take us on a deep exploration of grief and forgiveness in the face of cruelty, abandonment, and poverty. Gutierréz is reaching back to nurture the little girl she once was, and the result is an extraordinary song of love and survival. We get to see this little girl, her big "ojos de vaca", and see her strength, her little hands caring for younger siblings and playing in the dirt, carrying flowers, and singing to La Virgencita at church. Gutierréz bravely faces her demons, and we are all the better for it. The little girl that lives inside each of us will feel held and loved too, because we can recognize that longing, that search for connection, it is a hard fought battle to shine, to sing, to dare to thrive. Pero no hay que rajarse, porque "La vida me ama y yo a ella, ¡Brillo ahora como una Estrella!" Hay que brillar gente, aunque nos cueste.

- Jesenia Chavez, Autor de *This Poem Might Save You/Me*

Paola nos brinda una colección de poesía para sanar e inspirar, guiándonos en su viaje de pérdida y reencuentro personal. Con añicos de su niñez con su Papito José, y además la tristeza y tormenta de abandono, Paola nos muestra que en cada faceta de la vida, se puede encontrar gotas de rocío que nos inculca sabiduría para nuestro crecimiento. Una colección llena de sentimientos y emoción en cada página, escrito ambos para padres e hijos.

- Mauricio Moreno, Autor de *Anatomía de una Llama*

Los caminos de mi vida…

Camino Real de Colima que de niña caminé.

Caminos de Michoacán y pueblos que pasé.

*Camino Real Californiano de norte a sur
que tanto amo.*

Caminando ando.

A MI NIÑA TRISTE,
A MI NIÑA SOLA,
A MI NIÑA
ABANDONADA

AQUÍ ESTOY PARA
CUIDARTE.
NO LLORES MÁS
QUE POR SIEMPRE
ERES AMADA.
PAO

QUERIDO LECTOR:

Gracias por estar aquí. Vamos a viajar juntos al pasado felíz, al pasado triste, al pasado que instruye de maneras muy poco convencionales.

Acompaña a la niña, a la joven y a la mujer por las etapas de cambio y crecimiento; de miedo, dolor y soledad; alegría y esperanza.

Prepárate a llenar tu corazón de amor incondicional con Papito José y llora conmigo en mis horas más oscuras.

El viaje no es gratis. Cuesta escudriñar los caminos de la vida.
Y me alegra mucho que llegaste.

ÍNDICE

PAPITO JOSÉ

MORELIA

EL NORTE

MÉXICO

PAPITO JOSÉ

El hombre
El hijo
El esposo
El padre
El amigo
El abuelo
El ser humano maravilloso
Te dedico éste libro, mi vida y mis victorias.

LA NIÑA

Plasmando mi vida, mis recuerdos, mis alegrías y mis tristezas; andares en caminos llenos de flores y espinas.

Un recorrido dentro de mi corazón de niña, adolecente y adulta en donde todas las emociones se conectan, se enojan, se aterran, se alegran y se abrazan al mismo tiempo.

"Apá ¿Qué vamos a hacer con la niña"? mi tía Candita preguntó a mi Papito José. Quien después de sobrevivir una embolia y batallando por hacer responsable a mi tío Chuy trabajando las tierras y dejarlo a cargo para poder retirarse, a sus 60 y tantos años pensando en jubilarse y con el corazón afligido porque mi madre no había terminado la carrera y encima de todo tenía una hija (Yo) que abandonó y la criatura andaba de casa en casa hasta que por obra de Dios ése día llegó a la puerta de su casa y no sabía si estaba preparado para empezar a criar a una nieta tan pequeña.

Papito José cuenta: *"Yo no la puedo cuidar le dije a Cande. ¡Diles que se la lleven"! Me dí la vuelta hacia la puerta y ví a la niña sentadita jugando en el suelo con la tierra y pensé: 'NO ES SU CULPA' pobre niña, ni su madre la quiso."* No la puedo desamparar.

¡Cande! ¡Hija! Baña a la niña, dale de comer y que Dios nos ayude.

BUENOS DÍAS PALOMA BLANCA

¡Buenos días, paloma blanca
hoy te vengo a saludar!
¡Buenos días, paloma blanca
hoy te vengo a saludar!

¡Saludando a tu belleza
en tu reino celestial!
¡Saludando a tu belleza
en tu reino celestial!

Mi corazón se llena de amor y gozo infinito al recordar a Papito José y yo en la entrada de la iglesia, tomados de la mano y junto a cientos de personas cantando al unísono *¡BUENOS DÍAS, PALOMA BLANCA!* a nuestra virgencita.

Era todo un ritual en la madrugada; tener la canelita caliente lista, ponerse las mejores garritas, peinarse y ponerse limón y brillantina en el cabello para lucir impecables ante la virgen.fuí al jardín y cortaba todas las flores frescas que encontraba, teresitas, maravillas y jazmines.

---

1   "Buenos días paloma blanca" por el compositor Ramón Manzo.

Salíamos de casa con el sol apenas asomándose y los gallos empezaban a despertar a los vecinos, los perros ladraban a nuestro paso y mi Papi apuraba el paso para ser de los primeros

Llegamos y a la entrada está el mariachi y todo el coro esperando a que el padre dé la señal y todos empecemos a caminar hacia al altar, yo soy tan pequeña y chaparrita que lo único que veo entre tanta gente son las grandes faldas con hermosos bordados y los rebozos de muchos colores, con una mano que no suelta la de mi Papi y con la otra agarrando las florecitas con fuerza para que no se me caigan.

¡Buenos días, paloma blanca
hoy te vengo a saludar!
¡Buenos días, paloma blanca
hoy te vengo a saludar!

¡Saludando a tu belleza
en tu reino celestial!
¡Saludando a tu belleza
en tu reino celestial!

Siento una alegría inexplicable, por un momento, no siento dolor ni soledad, no pienso en nada que no sea mi Virgen de Guadalupe y en llevarle sus flores.

El padre empieza a rociar agua bendita por todos lados y yo brinco muy alto para que me caiga agüita a mí también.

Los mariachis cantan con tanto entusiasmo y todos cantamos con ellos, los viejitos, los niños, las mujeres y todo el que puede.

Sigue la misa y nos sentamos, paramos, cantamos y repetimos varias veces lo mismo.

Al terminar el padre nos da la bendición y exclama: ¡Viva la Virgen de Guadalupe! Y todos contestamos: *¡VIVAAAAA!* *¡Viva Cristo Rey!* Y todos decimos: *¡VIVAAAAA!*

Toda la gente empieza a dejar las flores, veladores y cartas que le trajeron a la virgen todo en agradecimiento por favores recibidos o peticiones.

El mariachi y el coro una vez más empieza a cantar, pero esta vez caminando a la salida de espaldas sin perder de vista el altar de la virgen.

¡Adiós Reina, del cielo,
Madre del Salvador!
Adiós ¡Oh Madre mía!
¡Adiós! ¡Adiós! ¡Adiós![2]

---

2   Adios Reina del cielo" por el compositor Felipe Jimenez Gomez.

AÑORANZAS

"Cómo extraño mi pueblo
no nací ahí pero es mío
su tierra y su cielo."

Añoro el cantar del gallo,
el cacaraqueo de las gallinas
y el clamor de los pollitos a su madre
por un gusano o un grillito.

Añoro el olor a tierra mojada
cuando mi abuelo me ponía a regar
las plantas, (las Teresitas son sus favoritas);
y sentir el agua en mis pies con los dedos
partidos metidos en el lodo.

"Cuánto añoro esos tiempos
de alegría, cuando la lluvia
en mi cara caía."

Extraño ir corriendo por el camino
empedrado y pisar las piedras calientes
y aguantándome porque no quiero usar los huaraches.
Ir al molino y formarme en la cola enorme
Y comprar las tortillas calentitas para almorzar.

"Cuánto añoro esos tiempos
de alegría cuando solo 7
años tenía."

En la cocina
añoro el olor del barro caliente
mezclado con el café recién hecho,
los frijoles de la olla y el pedazo de
queso seco (oliendo a patas)
pero delicioso.

Y no para ahí porque mi sentido
del olfato no deja de
explotar a cada instante.
En el comal los chiles y jitomates
tronando mientras se asan y el picor
haciéndome estornudar.

Añoro escuchar el sonido que hace
la mano del molcajete al moler
la sal de mar con la pimienta entera,
los ajos y la cebolla.

Añoro esa emoción de mi corazón
al recibir el plato humeante de
frijoles de manos de mi abuelo
y preguntándome si quiero más caldito.

"Cuánto añoro esos tiempos de
alegría cuando en un paraíso vivía."

Añoro correr como puerco sin lazo
por todo el terreno de la casa,
treparme en los árboles y cortar
mangos como el ken grandote,
redondo y dulce,o un mango
manila amarillo y acidito.

Llenar mi blusa de ciruelas
y guayabas con cinco en la boca
y las manos llenas.

Cuánto añoro ir al río
subirme a la piedra más alta
y echarme unos clavados,
meter las manos en las cuevitas
y sacar chacales y guabinas.

Caminar a casa con mi lanza
llena de pescados y lista
para empezar el ritual en la
cocina una vez más…

"Cuánto añoro esos tiempos
de alegría cuando era felíz
y no lo sabía."

MI PETATE

Despierto en mi camita fresca y suave;
mi petate está hecho de palma tejida y en cuanto
me levanto lo llevo afuera a asolear para que no se le
peguen los gorupos dice papito José.

El gallo cantando y las gallinas cacaraqueando
 porque ya han puesto huevos; voy corriendo al corral para
buscarlos pues ya me los estoy saboreando tibios
con sal y chilito para almorzar.

Pasa el día entre barrer todo el patio con miles de hojas
de los árboles de mango, de tamarindo, de guamuchil, de limón,
de nance y de aguacate; regando las plantas, las teresitas,
los jazmines, las maravillas, los nopales, la sábila, el telimón,
la ruda y el estafiate.

Jugar con los gatos y los perros y hacer carreteritas con la
plancha vieja y oxidada de mi bisabuela; limpiar los vasos
de las veladoras con ceniza para que queden bien limpios.

El sol cae y voy rapidito por mi petate, que está tostadito
por el sol y tibiecito, lo pongo en mi catre y me acuesto
sintiendo que me hundo un poquito y pienso:
Ya es hora de apretar los mecates…

SOLITA³

Solo tengo una pregunta
(bueno varias)
¿Por qué me tocó estar solita?
¿Por qué no tengo papás?
¿Por qué mi mamá no me quiere?
¿Por qué somos pobres?
¿Por qué no tengo zapatitos de charol?
¿Por qué se llevaron a Kary?
¿Por qué Papito José está solito?
Creo tengo una respuesta:
Papito José no está solito
 porque me tiene a mí.

---

3   Yo preguntando y respondiendo a mí misma a los 5 años.

LA TORMENTA

Las aguas llegaron y el sonido de la tormenta
con truenos y rayos es estremecedor, siento el viento frío
que se mete entre los huesillos de la casa y algunas gotas de agua
alcanzan a penetrar.

Yo corro al cuarto de mi abuelo y lo abrazo porque tengo miedo.
Él con mucha calma me dice: necesitamos que llueva, el agua es buena
para los animales, los árboles y los plantíos en las huertas.

¡¡Escucha!! Dice Papito José esa es una "culebra de agua"
de ésas que desbaratan cerros.

Al poco tiempo el agua empapa el suelo y tierras de todo
el pueblo y un aroma indescriptible envuelve a todos, la frescura y
aroma a tierra mojada nadie te lo puede explicar, tienes que sentirlo.

La tormenta ya se va y lleva recuerdos, olores y amores a
otros pueblos.

TE REGALO

Hoy te regalo el amanecer de un Domingo en Cofradía de Juárez.
Te regalo las mañanitas que cantamos con tanto amor a la
Virgen de Guadalupe.
Te regalo un plato de frijoles recién cocidos, con una salsa
de molcajete y un pedazo de queso seco.
Te regalo el caudal del río Armería.
Te regalo una hora leyendo los salmos.
Te regalo un paseo en camión a Tecomán con agua de coco
y tamales de elote incluídos.
Te regalo una tarde sembrando papayas y una mañana
cosechando maíz.
Te regalo una noche en la feria del pueblo comiendo hot cakes.
Te regalo todo lo que recibí por muchos años viviendo con
Papito José.

LA CASCABEL

Ven acércate que te voy a contar
una historia que te va a encantar.

No creerás lo que te digo yo lo sé;
pero verás lo valiente que fué
Papito José.

El era un niño trabajando en el cerro;
pastando borregos y un que otro becerro.
Ya entrado en la barranca por ir comiendo tunas no se fijó;
y sin atención alguna una borrega se hundió.

¡¡Aigase cosa José!! ¿Y ahora qué voy a hacer?
Pensó con miedo y tristeza no la puedo perder…

Y allá va sin pensarlo de un salto
se aventó al pozo;
tiene que rescatar la borrega o su
regreso a casa no será glorioso.

Ándale borreguita súbete a esas
piedras con cuidadito;
con el nudo en el estómago le dice
bien quedito.

¡¡Sssssssz!! de pronto escucha un
ruido que sabe muy bien qué es!!!
¡¡Se levanta del suelo al pecho una
gran cascabel!!

Su corazón se agita pero su mente
no se paraliza;
¿cómo mato a ésta canija si hay pura
piedra caliza?
5 segundos pasaron y eso ya es
demasiado tiempo, la cascabel lo morderá
veloz y sin miramientos!!!

¡¡Y se lanza certera!! Atacando
como un tirano;
pero Papito José ágil la pesca
con las manos.

La víbora se retuerce con fuerza
y destreza.
Pero mi niño sin miedo ¡¡la muerde
de la cabeza!!

¡Unos mordidónes,
tronándolelos
huesos,
arrancándole los ojos y
hasta los sesos!

¡¡No me mordiste hoy!!
Yo te mordí primero,
gritando con tanta fuerza que
lo escuchara el mundo entero.

La sangre corrió de su boquita;
pero él con mucho amor solo
abrazaba a su borreguita.

Unos arrieros pasaron y los
vieron en el pozo;
y lo que más se notaba era
su carita de gozo.

Ira nomás muchachito tu
si que eres valiente;
mira que con la boca matar
a esa gran serpiente.

Días pasaron ya, pero el al dormir
se siente diferente;
Porque al acostarse cada noche todavía
la víbora se mueve en sus dientes.

Te dije que era increíble,
y es ciertísimo;
no me lo inventé;
ésta fue una historia de vida de
mi niño Papito José.

FOTOGRAFÍAS

Mis recuerdos son eso, solo recuerdos;
fotos en mi mente, aromas y colores.
tengo muy pocas fotos de niña, algunas
cuando tenía tres añitos y otras tal vez seis.

Ninguna foto de bebé, ninguna de foto
de mami abrazandome o de mis hermanitos
juntos conmigo.

Lo que sí recuerdo siempre y
vívidamente, es a mi Papito José
guiándome, enseñándome todo lo que
Él sabía sobre la vida.

Cada noche era noche de ronda,
me contaba cuentos, historias de cuando
era chiquito y también la vida de sus padres,
viviendo en el cerro sin electricidad;
mientras yo acostada en el petate
le ponía mis piecitos en su espalda y jugaba,
me cantaba y rezábamos juntos antes de dormir.

Recuerdo (otra foto en mi cabeza)
cuando el quería caldito de pollo, íbamos al
corral y escogía el pollo que comeríamos.

Lo agarraba y lo mataba de inmediato
en frente de mí, diciéndome: *"lo tomas del
pescuezo, le das vuelta.."*
gran lección a mis cinco añitos.

Después todo el proceso de quitarle las
plumas con agua caliente, cuidando que no se
despegara la piel, cortarlo en piezas de carne
y separar bien las tripitas de el hígado y el estómago
porque si se riega la hiel se amarga todo el pollo.

La mejor parte y la mejor foto que guardo en mi mente
y corazón era cuando me servía mi plato de caldito
y me daba el corazoncito y la molleja eran nuestros
favoritos, y ya sabemos que solo hay uno de cada uno,
Y Papito José siempre me decía,
yo me lo como la próxima vez.

Papito José era muy estricto, pero también cariñoso,
dadivoso, responsable y un gran ser humano.
que a lo largo de mi vida me sigue guiando
y enseñando que la bondad, el respeto y la honestidad
son las mejores cualidades que uno puede tener.

Y las fotos que nunca ha olvidado mi corazón
son todos los momentos en que Él me veía y me
preguntaba: *¿quieres coquitos? ¿Quieres mangos?
¿Quieres ir al circo? ¿Quieres ir al mar?.*
Y mis ojos se agrandaban aún más y mi sonrisa
no la podia ocultar.

MI MUÑECA

Como todos los niños en mi pueblo, esperábamos ansiosos a los Reyes Magos, escribíamos cartitas pidiendo por juguetes, yo siempre quise un jueguito de té y una mona, en la noche del 5 de Enero cortaba el zacate fresco y verde para el elefante, el caballo y el camello, mucha agua por supuesto para que tomaran por su largo viaje y taquitos de queso y frijol que nunca se comieron porque los reyes nunca llegaron a mi casa.

No fueron los Reyes Magos, ni fué en Enero sino en Mayo que llegó a mi vida una muñequita morenita que sería mi primera hermanita.

Mi madre llegó al pueblo con avanzado embarazo y aunque pensó en quedarse solo unos días, Papito José se cayó de una escalera cortando mangos y se quebró las costillas; a mi madre no le quedó otra más que quedarse a cuidarlo, lo cual siempre agradecí, malhumorada y casada pero no se fué y cuando menos lo imaginé nació mi única muñeca.

Regresó mi mamá del seguro y traía a una bebita muy chiquita, rosita, rosita tan bonita y la veía y la tocaba, y más me enamoraba, noche a noche
lloraba y yo no entendía porqué, solo sabía que quería estar cerca de ella.

Apenas cumplía un mes de nacida cuando mi mamá me dijo:
Voy a Coahuayana regreso en tarde; Papito José ya había vuelto a trabajar
al campo, pero mi mente de cinco años si creía que mi mamá solo iba
a un mandado y regresaría; recuerdo ver a mi madre poniendo toda
su ropa en su portatrajes, sus tacones y todos sus sacos y gabardinas.

Me enseñó cómo preparar biberones y me dijo que si la niña lloraba
se lo diera. Viéndola partir solo pensaba en la responsabilidad
que tenía de cuidar a mi hermanita.

El camión pitó y mi madre apresurada abrió el zaguán y salió a
hacerle la parada, yo movía mis manos sin parar diciéndole adiós
y que aquí la esperaba.

Corrí a la casa a ver a la niña que estaba quieta, dormía muy
tranquila, el sol empezaba a caer y llegó mi
Papi de la huerta y no lo podía creer.
¿Dónde está Maria Irma? ¿Qué te dijo? ¿Por qué se fué?
¿Cómo se atreve a dejar a esta niña tan chiquita?

En ese momento supe lo que tenía que hacer y con voz segura y
firme yo repliqué:
Yo la puedo cuidar Papito yo ya sé cómo prepararle el bibi.

La esperanza de los dos era que mi madre regresara,
lo cual nunca pasó pero lo que en ese momento importaba
era cómo la íbamos a alimentar.
Vamos con el lechero para pedir un "entrego de leche."

Los días y meses pasaron y mi Papi y yo aprendimos a cuidar
a la niña a mi muñequita de carne, mucha gente del pueblo
nos recuerda siempre juntas tan chiquitas, a mi bolita de meses
en una carreolita de juguete que me encontré en el barranco
y la usaba para pasear a mi Kary, yo escogí su nombre,
ya saben teníamos que bautizarla pronto para que
no fuera *'como un animalito'* diría mi Papi.

Y así la llevaba por la calle empedrada en su carreola de plástico
y yo con la olla de peltre lista para recoger su entrego de leche.

Mi amor por ella es infinito, la cuidaba, le daba de comer su caldito
de frijol con tortillita, jugábamos en la tierra y en la noche
dormíamos juntas para atenderla en cuanto llorara o despertara.

Mi Kary bonita, mi muñequita que me hizo crecer a prisa.
no sé en que momento me convertí en mamá de mi hermanita,
Responsable de ella mientras Papito José trabajaba en
el campo, cuando el regresaba yo me iba a la escuela y al sonar
la campana a las seis de la tarde corría a casa porque seguro ya
le tocaba la mamila y nos dormíamos en la hamaca
despertando llenas de piquetes de zancudos.

Cuando iba a cumplir 3 añitos mis tíos llegaron de visita y la vieron
muy chiquita y le dijeron a mi Papi que ellos podían criarla como
suya y que a la ciudad de Colima se la llevaban.

Mi muñequita se fué para nunca volver, sumándose a las
pérdidas que mi corazón tiene que padecer.

SOÑANDO

Quiero vivir soñando
porque mi realidad
me está acabando.

No quiero despertar
porque al hacerlo solo
encuentro soledad.

ZAPATITOS DE CHAROL

Lo único que quiero hoy
son unos zapatitos de charol,
sí de esos brillantes
que no pierden su color.

Ya no quiero que se burlen de mi
ni de mis huaraches de "araña"
que son buenísimos dice mi
Papito José, tienen suela de llanta
nunca se acaban y lo que quiero
es que se partan y se rompan…

Yo quiero unos zapatitos de charol
de esos negritos que combinan
con calcetas blancas y florecitas;
que hace que las niñas se vean bonitas.

Por favor alguien cómpreme
unos zapatitos de charol,
de esos que te pones en los festivales
y en la escolta de honor;
y hacen que se te olvide el dolor.

Yo sé que no hay dinero para esos lujos
y que mis huaraches son de muy buen uso;
con ellos corro en la tierra, los lleno
de lodo, los mojo en el río los aviento lejos
les da el sol y al rato ya están como nuevos.

¿Porqué no tengo zapatitos de charol?
yo me porto bien y saco buenas
calificaciones; siempre trabajo y
también entierro mis emociones.

¿Porqué los Reyes Magos nunca
llegan a mi casa?
van de un lado a otro y al llegar
a mi calle todos se pasan...

Yo solo quiero unos zapatitos de charol
de esos que te hacen felíz;
yo se que cuando me los ponga
los niños ya no se van a reír.

Lo único que quiero hoy son
unos zapatitos de charol;
de esos que acallan traumas,
miedos y llanto;
para olvidar que estoy sola y
que a nadie le importo,
por eso los necesito tanto.

YO VINE A SUFRIR

Pobre hijita mía
créeme yo vivo tu sentir;
tú eres como yo que venimos
a este mundo a sufrir.

Palabras que me persiguieron
por años y me marcaron
como el agua en la piedra
mi cerebro perforaron.

Ahora entiendo que esas palabras
no eran para mí;
si no la forma que Papito José
heredó para un buen vivir.

Palabras que me truncaron para avanzar
porque si algo malo me pasaba
ese era mi destino.
¿Para qué luchar?

Pobre hijita mía
créeme yo vivo tu sentir;
tú eres como yo que venimos
a este mundo a sufrir.

Cómo era posible que mi Padre tan amoroso,
dedicado y trabajador,
me dijera este es tu destino donde el común
denominador en la vida será el dolor.

Ahora entiendo que después de tanto trabajo,
dolor y pérdida de grandes amores.
Él solo quería protegerme y hacerme dura
para que yo aguantara los fuertes dolores.

Recuerdo cuando estaba en medio de la tormenta,
no me quitaba, no me movía pero no soltaba
el paraguas, tampoco era mensa.
Mojada, destrozada, empapada pero no claudicaba.

Esas palabras me educaron y aunque no crean
me ayudaron a seguir; porque aunque me llevara
la chingada, sabía que iba a salir.

Pobre hijita mía
créeme yo vivo tu sentir;
tú eres como yo que venimos
a este mundo a sufrir.

Han pasado los años y mi caminos
han sido muy intensos y escabrosos
pero al final de mi jornada, han llenado
mi vida de momentos hermosos.

Gracias Papito José por cuidarme
a tu manera;
ya que tus enseñanzas moldearon
mi vida entera.

Y hoy se que NO vine a sufrir
YO VINE A REIR,
A SENTIR,
A VIVIR,
A CONCEBIR,
A BENDECIR,
¡Y sobre todo a DECIDIR!

LA NIÑA DE MIS OJOS

La niña.
Esa niña.
Mi niña.
Yo chiquita.
Yo merita.

Como he querido hacer eco a tu voz que tanto tiempo silencié.

Niña mía no sufras más, ya he llegado para cuidarte,
aunque por mucho tiempo pareciera que no quería ni escucharte.

La niña de mis ojos, mi niña menudita de ojos grandes y
sonrisa ancha.
Yo se ahora que sufrías mucho, que disfrazabas todo de obediencia
y buenas notas para no ver tu entorno y no pensar en tu soledad
en una mamá o un papá.

La niña de mis ojos, mi niña chaparrita que esperabas al Niño Dios
y a los Reyes Magos, cada año deseando siempre un jueguito de té
que nunca llegó.

Niña amada, niña de mis ojos…

Ya es momento de sanar, yo sé que hiciste muchas cosas buenas
aunque lo que te guió en todo momento fué el miedo, miedo a no ser
querida, miedo al rechazo,
miedo a fracasar, miedo a estar sola y miedo al abandono constante.

Niña de mis ojos ya es tu momento y tiempo para disfrutar y reír;
ya todo está en el pasado y tu presente brilla como el sol Abril.

NO DIGAS QUE ESTÁ MUERTA

Esas palabras taladran mi corazón y mi memoria.
¿Pero qué es esto? Es de terror, es de dolor o es de amor…
¿De qué se trata esta historia?

Era una tarde como muchas, llenas de amor,
humo en el fogón con salsa de chile verde
y carne en el asador.

¡Ya vente a comer viejo! Mi abuela le gritó
a Papito José;
Ya solo echo estas tortillas como
te gustan vas a ver.

Comieron con calma
saboreando el rico manjar,
que como todos los días ella
solía preparar.

José ya me voy a dormir estoy cansada,
¡me duele mucho ésta muela porque traigo una
postemilla y no se me cura la condenada!

Pasaba la noche tranquila
afuera el tecolote y su canto
con su brillante mirada;
uno que otro coyote allá en
el cerro se escuchaba.

Con una voz quebrantada y nerviosa,
mi abuela despertó a mi abuelo, y apretándole
la mano le dijo: *¡José! ¡José!*

¿Qué pasa que no me muevo?
El rápidamente se levantó y prendió el quinqué.

Viéndola a ella y a los niños
sin saber qué hacer.

Vamos al doctor porque me estoy entiesando.
Sin saber que pasaba y con mucho miedo corrió
con el vecino a decirle lo que estaba ocurriendo;
dejaría a los críos pues es de madrugada
y ellos están durmiendo.

Difícilmente levantó a mi abuela
que ya no podía hablar;
no te preocupes viejita en un rato llegaremos
y el doctor te va a curar.

Y allá van por el camino silencio…
con el corazón en un hilo;
y con la luna nueva brillando
siendo la única testigo.

Por fín llegaron al centro de salud muy lejos
del rancho por cierto, con uno o dos doctores
lleno el lugar de lamentos, con oraciones
y dolores en todos lados;
unos con dolor de panza
y otros esperando milagros.

Por favor, ¿diganme qué tiene? ¡Diganme por favor!
Mi abuelo preguntaba con miedo y dolor,
al ver a su amada sin moverse lo inundaba el temor.

Vinieron por ella y ya no la vió más,
el afuera esperando una respuesta,
pasaron las horas y por fín la enfermera dijo:
¡Ya habló! El corazón le volvió al pecho, corrió a la
camilla y con mucho amor la abrazó.

Ya ve por Irma José, mi niña pobrecita.
Mi madre en esos tiempos era una bebita,
mi abuela le pidió que la trajera pues
estaba muy chiquita.

Vaya por sus hijos al cabo su
esposa se tiene que quedar;
de aquí a que se va y regresa
tal vez de alta la vayan a dar.

Papito José emocionado
se montó en la camioneta y manejó rápido
con muchas ganas de traer a sus hijos
a ver a su mamá pues el susto ya había pasado.

Ya viene de regreso con la retalía de chiquillos
sentados atrás en la camioneta, mis tíos Chuy Chema,
mi madre Irma, mi tía Juana, tia Candita y mi tía Teresa.

Al llegar con todos y su pequeñita en brazos,
fue rápidamente a buscar a su amada si saber
que en un segundo su corazón se haría pedazos.

¿Dónde está mi Chelo? ¿Dónde está que no la veo?
Un frío recorría su cuerpo y la voz se le cortaba;
preguntando sin parar porque no la encontraba.
Señor cálmese y deje de gritar,
venga con nosotros, le tenemos que informar.

Todo era un caos…
De la alegría al miedo, de la emoción al temor
después de escuchar muerta, solo recuerda el dolor.

¡El dolor que te entume los huesos!
¡El dolor que te quema por dentro!
¡El dolor que te paraliza!
El dolor que te ahoga y te siega al oír,
que tu amada dejó de vivir.

¡¡MALDITA CARNE!!
¡¡MALDITA POSTEMILLA!!
¡¡MALDITO TÉTANOS!!
¡¡MALDITOS TIEMPOS SIN CURA!!

¡Pidiendo a la muerte a él también darle sepultura!

Uno de los encargados se aproximó y le dijo a Papito José:
Mira con ella muerta, van a tardar en entregártela y te
saldrá muy caro yo lo sé;
con todos tus niños aquí sin tener que comer.

Mejor llévesela como si está desahuciada
y así cuando salga no le van a cobrar nada.
Papito José sin dinero, sin recursos, sin nada..
Ya ni con su esposa y con el alma destrozada.

Yo lo llevo pa' su rancho (dijo alguien por ahí)
a usted, a los críos y a la enfermita.
Los niños bien portados atrás en la camioneta
como siempre y sin decir nada, solo mi madre era la
que lloraba y mi abuelo sosteniendo a su mujer
abrazándola fuerte que con solo una sábana iba tapada.

¡NO DIGAS QUE ESTÁ MUERTA
Y ESCONDE TU DOLOR;
CUANDO LLEGUES A ESA PUERTA
SOLO ABRAZA A TU AMOR!

Y así como si nada el chofer cruzó la reja;
el guardia solo vió a unos niños y a una pareja.
Sin saber que el mundo se abría y se desmoronaba
cambiando el destino de todos en esa camioneta
mi madre y mis tíos perdían a su pilar en una turbia madrugada.

Y allá va Papito José por el camino empedrado cargando
un bulto y con la mirada perdida;
apretando con fuerza a quien fué, es y será el amor de su vida.

¡NO DIGAS QUE ESTÁ MUERTA
Y ESCONDE TU DOLOR;
CUANDO LLEGUES A ESA PUERTA
SOLO ABRAZA A TU AMOR!

LA NARANJA

La naranja con su dulce SABOR
puede fácilmente quitar
de tu lengua el dolor.

¡Sí! Ese dolor por morderla
y no gritar por las injusticias
que vivió.

La naranja con su bello COLOR
puede fácilmente disfrazar
el temor.

¡Sí! Ese temor constante que
acosaba a mi padre por la
incertidumbre de no saber
cuándo y cómo iba a volver.

La naranja con su delicioso OLOR
puede fácilmente quitar de
tu cuerpo el hedor.

¡Sí! Ese hedor de los químicos
que le roceaban en todo su cuerpo
antes de entrar a estas tierras.

Así es…

La naranja con su refrescante SABOR
puede fácilmente mitigar el calor.

¡Sí! Ese calor incesante que
lo deshidrataba, mientras
sembraba, limpiaba y cosechaba.

Naranjas…

Cómo olvidar los larguísimos
files de naranja como él los
mencionaba.

Esos plantíos en Anaheim, California
donde está el lugar más feliz del mundo;
que te lleva al pasado de desigualdad
en solo un segundo.

Que no te engañe el sabor, el color
ni el olor de la naranja.
Porque ahora mismo estoy plantada
donde sentiste dolor,
donde te opacó el temor
y donde cayó tu sudor.

Y por todos tus sacrificios:
¡YO HOY ESTOY FLORECIENDO EN AMOR!

LA PALAPA

Papito José: *Ya va a llegar las aguas y necesitamos cambiar las palapas de la casa, las que tenemos ya están muy viejas, hay goteras y el agua se mina cuando llueve fuerte.*

Me lleno de emoción porque iremos al palmar a cortar las palapas nuevas para nuestro techo; para mí es todo un acontecimiento.

Ir por los jornaleros es lo primero, subir a la camioneta de redilas las sogas, las cazangas para cortar y amarrar las palapas y la escalera no puede faltar.

Yo a mis seis añitos tengo tanta alegría porque ya sé todo lo que haremos; llegando a la huerta Papito José y los trabajadores empiezan a escoger las palmas a las que se les cortarán las ramas, y con toda la experiencia y habilidad empiezan a hacer "escalones" en el largo del tronco de la palmera, son unos pequeños cortes que se hacen con el machete o la cazanga para poder escalar la palma y llegar hasta arriba, hasta la "copa" y empezar a cortar las palapas, las más grandes, las más anchas
y largas, las más verdes.

Siento en mi naríz el olor tan suave y fresco de todas las hojas.

¡¡Aguas!! ¡¡Aguas!! Grita mi Papito; allá van cayendo las ramas una tras otra con gran estruendo y con ellas algunos nidos también, las ardillas corren espantadas y las iguanas se quedan quietas sin saber que pasa.

Papito José y yo empezamos a acarrear las largas y pesadas hojas de palma a la camioneta, él con una en cada mano jalando con fuerza y yo apenas con una agarrándola con mis dos manos; pero quiero ayudar y solo pienso en lo que sigue.

Y claro no podía faltar el agüita de coco y comernos unos cocos de cuchara, tiernitos
 y sabrosos, al mismo tiempo que estoy aprendiendo a cortarlos por la mitad de
un solo machetazo.

Llenamos la camioneta hasta arriba e iniciamos el camino a casa, esta vez yo voy encima de las palapas disfrutando del vaivén de la terracería en mi colchón verde.

Llegamos a casa y bajamos todo lo que subimos, y la magia empieza; Papito José armando los cuadros del techo y "cosiendo" las palapas entrelazándolas con las cuerdas para que no se suelten.

Ya cayendo la noche y por fin han terminado; es un hermoso, oloroso, verde, fuerte y nuevo techo para nuestra casita de huesillo.

MIS TRES MADRES I:
LA DE MIS SUEÑOS

La madre de mis sueños fué la que me cuidaba en las noches de tormenta, cuando sentía que el techo de palma me caía encima; ella se acostaba en mi cama y juntas nos quedábamos dormidas contando las goteras.

La madre de mis sueños me abrazaba y consolaba cuando los niños se burlaban de mí por su ausencia, por no tener papá, por mis huaraches viejos y por tener ojos de vaca. Me apapachaba y me decía siempre que yo era hermosa.

La madre de mis sueños fué a todos y cada uno de mis festivales, se tomó fotos conmigo y nos subimos a todos los juegos mecánicos en las fiestas del pueblo.

Ella estuvo ahí siempre, aconsejándome el día que me rompieron el corazón, cuando me dejaron ella me dijo que todo estaría bien.

La madre de mis sueños se puso felíz al saber de su primer nieto, me cuidó y ayudó al nacer mi pequeño.

Ella y yo cocinamos juntas, salimos de compras, nos hablamos, nos texteamos, pasamos vacaciones juntas y adora a mis hijos.

La madre de mis sueños de hecho vendrá en el invierno a mi casa para pasar navidad juntas y seguir compartiendo experiencias y extender aún más el lazo de amor que se creó el día en que nací.

MIS TRES MADRES II:
LA QUE YO RECUERDO

Lo que más recuerdo es el llanto que derramé por su ausencia, los días infinitos que la esperé, las burlas que soporté por no tenerla.

La madre que recuerdo es tan hermosa, tan impactante y sofisticada, alta, delgada con manos perfectas con su manicura impecable con sus uñas rojas por supuesto; su cabello negro y brillante con sus vestidos ondulados y cinturón ancho abrazando su minúscula cintura.

La recuerdo llegando a casa en sus tacones de piel altos y de aguja espectaculares puntiagudos y con su hermosa gabardina gruesa y larga hasta los tobillos oliendo a perfume y tabaco.

Así recuerdo a mi madre, una soñadora excéntrica llegando al pueblo donde no había banquetas, solo piedras y tierra y que claro no podía caminar ni un metro con esos tacones estilizados, donde su hermoso cabello se descomponía por el calor, el viento y el polvo; sus delgadas uñas se quebraban al intentar cortar leña, barrer o lavar ropa.
Y la elegante gabardina de nada le servía en un clima de cuarenta grados centígrados.

La que recuerdo vive en la capital, en la gran urbe; en el clima frío como su corazón.

MIS TRES MADRES III: LA VERDADERA

Mi madre no quería embarazarce; así que cuando lo hizo, su vida se colapsó y no quiso lidiar conmigo así que me abandonó.

La verdadera no quiso aprender a ser mamá, no se esforzó ni luchó por mi bienestar.

La verdadera madre se exalta al verme, se agita y me agrede y me dice que no me quiere; a cualquier gesto mío lo aprovecha para pegarme, ofenderme y
decirme que por mi culpa no logró sus sueños.

Me golpeó el triple de veces de que la ví; siempre diciéndome palabras negativas y con rencor.

No tengo ningún recuerdo bonito con ella de niña, ni una foto, ni una carta.

La verdadera madre ni porque ayudé a criar a mis hermanos me quiso; recuerdo a mis cinco añitos cuando llegó al pueblo embarazada de mi hermanita Karina, se alivió y antes de la cuarentena ella voló. Años después nació Gonzalo, Flor y Halcyon y a todos se los cuidé yo.

La verdadera madre no la veo ni me ve. Dicen por ahí que los años y lo vivido la han cambiado, espero un día volverla a ver y presentarle a la madre de mis sueños.

¡A LA MADRE!

¡Ah! ¡La MADRE!
Qué pinche vida la mía,
cómo lloraba y sufría
porque nadie me quería.

La MADRE que me parió
sintió que no era su momento;
y me abandonó sin razón
y sin miramientos.

¡En la MADRE!
¿Cómo voy a vivir?
si de arrimada ya no voy a salir,
pero que me escucha el cielo
y sin imaginarlo me mandó a mi abuelo.

¡Ni MADRES!
Tú eres mi nieta y no te dejo sola;
vámonos pa'l rancho a
jalar gatos de la cola!

¡A MADRAZOS!
Fué mi crianza,
entre quehaceres, escuela
y alabanza.

¿Qué MADRES
pasaba conmigo?
Que me sentía tan triste
y solo Dios era mi testigo.

MADREADA
quedaba a diario
en las largas jornadas
que mi abuelo trabajaba
como ejidatario.

Ésa MADRE
que no te deja avanzar
y te apachurra el corazón;
que después de tantos años
le llamaron depresión.

¡Ínguesu MADRE!
Ya el tiempo pasó,
y mi corazón sanó.
Mi vida ahora es muy padre
y pues ya el pasado
¡ME VALE MADRES!

MIS CALIFICACIONES

Tengo que sacar puros dieces y nueves para que no me peguen,
tengo que tener buenas calificaciones para que me vean.
Si saco diez mi maestra me felicita, si tengo todas
las respuestas correctas
mi maestro me toma en cuenta para los concursos.
Debo saber de todo para no ser invisible.
No puedo fallar, quiero que se den cuenta que siento,
que vivo, que existo.
Ya encontré el camino.
 Solo tengo que sacar dieces.

EL SON DE LA NEGRA

Cuánta alegría trae a mi corazón "la negrita de mis pesares."
Mi sueño dorado participar en un bailable, pero mi realidad no tenía esperanza,
y sin nada ni nadie a quién recurrir; todas las niñas felices e ilusionadas,
escogiendo sus faldas y zapatitos, enojadas o emocionadas por el niño que les tocó de pareja.

Yo con el papel de mi permiso, sucio y arrugado por todas las veces que lo leí
y mis lagrimas en él, porque sabía que al pedir el permiso para el bailable
la respuesta sería: no hay dinero.

Mis ojos de papel volando como la negra; viendo a todos ensayando y yo
con un hilito de dolor que estremecía todo mi pequeño cuerpo.

¡El milagro ocurrió, mi tía Elena llegó a darme lo que con tanta fuerza le había
pedido a DIOS!

Con sus habilidades en la costura ella me elaboró la más hermosa falda
estampada con mi blusa de olanes y me tejió unas trenzas de estambre muy
largas y mejor aún tejió un lazo de amor entre las dos que nunca se ha roto.

Y aunque la negrita a todos les dijo que sí y no les dijo cuando,
Yo bailé el son que me tocaron con alegría infinita y gratitud.
¡BAILÉ COMO NADIE EL SON DE LA NEGRA!

¡VÁMONOS PARA COLIMA!

¡Hoy será un gran día, lo sé!

Anoche me dijo Papito José: mañana vamos para Colima a ver a Chema su primogénito.

Deja te cuento ésta gran gran aventura que inicia en la mañanita (beeeep beeeeep) primera llamada: *¡Paolaaaa! ¡Alístate!* Ya pitó el camión, y yo corriendo poniendome la única faldita buena que tengo, peinando mis cabellos apuradamente, limpiando mis codos y rodillas cenizas con el resto del limón que me acabo de poner en la cabeza y poniéndome mis huaraches, ¡¡beeeep beeeep!! segunda llamada: *¡Paolaaaa! Ya vamos a salir que ya viene el camión.*

¡Córrele no nos vaya a dejar! ¡beeeep! ¡beeeep! *¡Ahí vieneeee!* ¡Aaaah! Es el camión rojo, el que me gusta porque tiene asientos con colchoncito; levanto la mano con emoción y grito: *¡Aquí¡ ¡Aquí! ¡Párece chofer!* ¡psssssssssh! se estaciona la gran máquina de fierro y yo con el corazón brincandome en el pecho subo corriendo a buscar la ventanilla más abierta para que me dé el viento en la cara y se me enreden los cabellos, veo todas las casas al pasar, los árboles, los animales y las personas conocidas en el camión saludándonos.

Y allá vamos pasando por rancherías, sembradíos, pastizales, granjas y lo mejor ahí viene. El gran puente Armería, está larguísimo y el camión brinca y se mueve mucho al ir cruzando; yo embelesada de ver la estructura tan enorme y el caudal del río bajo mis pies. Enseguida se suben los primeros vendedores con estampitas de la Virgen de Guadalupe y otros santitos, se suben más personas y empiezan a cantar varias canciones. *'Señores y señoritas yo no les vengo a robar, sólo le vengo a pedir lo que sea su voluntad.'*[4] Y no puede faltar el vendedor de alegrías, palanquetas y cacahuates, y yo con mis ojos pidiendo a Papito José me compre pepitorias… escucho la pregunta de oro: *¿Hija quiéres una?* ¡Siii! Contesto con alegría y gratitud, la tomo en mis manos, y empiezo a quitarle el celofán y mi saliva se hace agua solo de pensar en el sabor tostadito y dulce de las pepitas, el ajonjolí y los cacahuates.

Al cabo de media hora llegamos a la terminal de Tecomán listos para transbordar, ahora tomaremos el autobús a Colima y si es un A de O grandísimo plateado con olor a nuevo, con baño y televisión, ¡otro nivel!

Pero antes déjame decirte que la terminal está en un mercado muy grande y al bajarnos del primer camión, lo primero que ves son esos grandes vitroleros llenos de aguas frescas. *¡Pásele! ¡Pásele! ¿Qué le damos?* Hay aguas de horchata, coco y naranja y claro esa ya me la sé, de seguro vamos a comprar aguas, la de horchata para mí y la de coco para Papito José. Y pues ya se alborotó la tripa y ahora vamos a parar a almorzar y él conoce el mejor lugar; yo pido un tamalito de elote y un gran vaso de leche, y ahí igualito que yo mi papi pide lo mismito.

---

4   Folclor popular

¡Aaah! mi pancita ya no le cabe más, pero mi corazón está listo para continuar con el viaje que no quiero que termine.

Subimos al gigante plateado y yo deseando que la película que pongan se una que no haya visto ya, seguimos el camino a Colima, la ciudad del Rey Colimán donde crecen los limones, los cocos y los plátanos solo con parpadear.

Cruzando montañas por la autopista después de una hora hemos llegado; lo único que no me gustó es que no ví el final de la película, los que van a Guadalajara de seguro lo harán; pero bueno ya estamos aquí y la algarabía y el calor de la gente solo aquí en Colima se siente, vamos bajando y pareciera que los mariachis nos están esperando. *Camino Real de Colima dicen que yo no lo sé, camino Real de Colima dicen que yo no lo sé, ¿Cómo no lo he de saber si en el camino me crié? ¿Cómo no lo he de saber si en el camino me crié?*[5]

Y ya vamos a ver a tío Chema, tía Elena y a mi hermanita pero hacemos una última parada y compramos una tuba bien helada con mucho cacahuate y granada.

---

5   Camino real de Colima" por los compositores: Rubén Fuentes Gassón y Silvestre Vargas.

MI PRIMER ADIÓS

Que Dios te bendiga, me dijo Papito José santiguándome haciendo una cruz con sus dedos. Yo con un hueco en el estómago y una caja de cartón por maleta amarrada con mecates llena de libros, unos chores y unas playeritas, sueños y un cuadrito del Cristo negro de Oaxaca.

Estamos en la parada del camión que va para Tecomán donde tomaré el A de O para Morelia, la ciudad que me vió nacer pero no me ha visto crecer.

A mis 12 años tengo que madurar, ser fuerte y valiente, acallar mis miedos y volar a donde creo están las hojas y ramas perfectas para hacer mi nuevo nido.

Se escucha el primer pitido del camión y Papito José me da un beso en la frente, su máxima expresión de amor y puedo ver sus ojos rosando de lagrimas y dolor en su semblante en el que fué nuestro primer adiós.

MORELIA

¡MORELIA YA LLEGUÉ!

Esperando mi camión en la terminal del A de O me subí con ilusiones y sueños pero sobre todo con mucho miedo, mi corazón latiendo fuerte y con un hueco en el estómago que no termina.

Ocho horas de viaje cruzando mares, ríos, cerros y bosques para llegar a mi destino que hasta ahora era incierto.

El frío que recorría mi cuerpo no solo lo sentía yo, el frío en el ambiente era real, la helada Morelia recibía en la madrugada a la niña costeñita que llegaba en chores playera y guaraches.

Morelia ¡ya llegué! Por favor se buena conmigo, vengo a reencontrarte y a sentir tus brazos nuevamente, con el perfume de tu cantera rosa, he llegado a ti mi Morelia hermosa.

MI PRIMER AMOR

Mi primer amor no fué mi mamá, ni mi papá ni
mi hermano o mi hermana,
ni ningún amiguito de la primaria.
Mi primer amor estaba conmigo día a día.
Porque eso es lo que hace el amor ¿verdad?

¡Oh! Mi primer amor era feroz, me ayudó a salir adelante
en situaciones muy difíciles, lo odiaba, peleaba
con él, me hacía llorar.
Porque eso es lo que hace el amor ¿verdad?

Mi primer amor no me daba flores ni me hacía sentir mariposas.
No, no, no, él era diferente, muy adictivo y doloroso.
Lo corrí de mi vida muchas veces, pero siempre regresaba.
Porque eso es lo que hace el amor ¿verdad?

¡Uff! Mi primer amor nunca se ha rendido,
me ha acompañado en mis peores momentos.
Y por supuesto que está junto a mi en todos mis éxitos.
Porque eso es lo que hace el amor ¿verdad?

A estas alturas creo nuestra relación es un poco disfuncional,
pero no se que haría sin él, porque él sigue siendo
y será mi primer amor.

Ya nos estamos haciendo viejos, pero estamos juntos todavía.
Así es y ya no es tan malo como antes, él ha cambiado
o tal vez yo soy la que cambié. A veces pienso
que ya mi tiempo caducó con él, y no es así, lo puedo ver en silencio
solo observándome.

Mi primer amor es tan adorable, extravagante y fuerte,
el me sigue cuando me voy y cuando llego;
Mi primer amor es el PINCHE MIEDO.

HUMANA-MEXICANA-
MICHOACANA-MORELIANA

Llevo en mi sangre la enseñanza purépecha,
india, española, y francesa.

HUMANA
Por mis venas corre sangre de mi abuelo José Gutiérrez Zambrano
purépecha, con sangre de su abuela española y su bisabuela francesa,
tengo raíces y venas de fortaleza.

MEXICANA
Mis plantas tocaron por primera vez
ésta tierra bendita,
mi México y su gente bonita.

MICHOACANA
Hija del charal, el dulce de ate
y el bordado.

MORELIANA
Plasmada en la cantera rosa,
corriendo como el agua por el acueducto,
con sus iglesias y costumbres
es la más hermosa.

HUMANA
Porque siento el latido de mi corazón
y oigo el grito de mi voz cuando canto
con emoción.

MEXICANA
Porque aquí quise nacer
y ví la luz un 28 al amanecer.

MICHOACANA
Porque los caminos de michoacán
y pueblos que pasé,
me llevaron al lugar
donde me enamoré.

MORELIANA
Recorriendo con amor la Madero
 de tus valles y colinas
me sé todos los senderos.

OTRA VEZ

Otra vez empiezo de nuevo.

Otra vez tengo frío.

Otra vez estoy llorando.

Otra vez tengo hambre.

Otra vez me duele el corazón.

Otra vez tengo miedo.

Otra vez estoy sola.

Otra vez quiero una mamá.

Otra vez soñando.

Otra vez trabajando.

Otra vez estudiando.

Otra vez tengo fé.

Otra vez no me rendiré.

TAQUITOS DE AMOR

Donde come uno comen dos dice el viejo refrán por ahí; seguramente es verdad solo que hoy no se que haré si no hay comida en casa para alimentar a mi hermanito, siento que estoy fallando en cuidarlo como le prometí.

La mesita está vacía, solo el servilletero con un par de servilletas y un salero que tiene más arroz que sal para que no se pegue.

No hay frijoles para cocer, no hay huevos para freír, no hay fruta para pelar ni verdura para cocinar, mucho menos carne que degustar.

El último pedazo de queso no lo comimos anoche con
poquitos frijoles
y el doble de caldo.

Acabo de pagar el cuartito de la vecindad y acompleté con monedas.

Están pasando las horas y mi hermanito solo me ve y me dice que tiene hambre con la mirada, pero su boquita no dice nada.

¿Qué puedo hacer? A la vecina de a lado ya le pedí prestado dos huevos y a la de enfrente una taza de frijoles, pues ni modo tendré que aguantarme la pena y pedir otra vez, no puedo dejar a mi hermanito sin comer, yo sé que mañana lunes ya podré ir al mercado con mis amigas que me fían en lo que recibo mi próximo sueldo. Pero es hoy, hoy es cuando necesito darle de comer a mi hermanito.

Va cayendo la tarde y me asomo y asomo a ver si la vecina llega.
Al fin escucho el ruido del candado abriéndose y ella entrando, salgo
y la saludo con mucho gusto porque siento que no tarda en dolerle la
panza de hambre a Gonzalito.
Le digo lo que está pasando y me dice: *¡Uy mija! no tengo nada de comida*
solo me sobraron unas tortillas para que te comas unos 'tacos de aire.'
la espero afuera y ella regresa con un paquetote de tortillas como un
kilo y una botella con un poco de aceite a ver de que te sirven.

Corro al cuarto y le enséño con emoción las tortillas e
inmediatamente prendo la parrillita y pongo la cazuela a calentar,
le echo el aceite y empiezo a enrollar las tortillas como flautas;
doro un montón y siento los ojitos de mi niño que está esperando
pacientemente por su comidita.

Termino de dorar los taquitos, los acomodo en un plato como
si fueran un montón de tronquitos apilados, y agarro la sal y la
espolvoreo en todo el plato, Gonzalito se sienta inmediatamente a
la mesa y empezamos a comer y el da la primera mordida y exclama:
¡Mmmmh qué ricooo! ¿Y de qué son?

Yo rápidamente le contesto con la inocencia de una niña de 12 años
Son taquitos de AMOR

HERMANITO

Que bueno que ya estás aquí conmigo,
yo te voy a cuidar.
Y te voy a querer sin dejarte solito te lo digo con mi Dios de testigo.
Yo soy tu hermana mayor y estoy aquí para protegerte
y ser tu compañía en el camino.
Salir adelante juntos ése es nuestro destino.
Pasaste de mano en mano, de tía en tía.
Querían quedarse contigo pero luego se arrepentían.
Tu llegada a este mundo fué intempestiva, fuerte y con dolor.
Pues el año '85 te trajo a tí y al gran temblor.
Hermanito mío, perdona mis malos ratos y tantas carencias;
tan joven, inexperta y sin experiencia.
Tu me enseñaste a ser la madre que soy.
Gonzalito, mi amor por siempre te lo doy.
 El tiempo ha sido mucho desde que escuché tu sonrisa junto a mí,
pero me consuela pensar que fué suficiente lo que te dí.

I. ¿QUÉ HACER CUANDO TE ROMPEN EL CORAZÓN?

Versión ochentera

1.   NADA
2.   AGUANTARSE
3.   TRABAJAR Y ESTUDIAR
4.   ESPERAR A QUE EL TIEMPO LO CURE
5.   UN CLAVO SACA A OTRO CLAVO

CORAZÓN ROTO

Éste corazón que quiso a tantos
que ya no quedó para mí.
Éste corazón que consoló tantas veces
que se olvidó de mí.
Éste corazón que provocó tantas alegrías
se cansó de reír para mí.
Éste corazón que amó profundamente
Se rompió aquí.

EL NORTE

MI SEGUNDO ADIÓS

Es hora de volar una vez más a lo desconocido, le digo adiós a
Morelia y a su cantera rosa, a las Tarascas que siguen sin moverse en
esa glorieta donde las plantaron como un árbol estéril, le digo adiós
a el gran acueducto que después de tantos años ya no lleva agua
aunque el pueblo esté sediento; yo sí puedo moverme. Le digo adiós
a Colima a mi tierra de la infancia, que me enseñó a transformar el
dolor y disfrutar las pequeñas cosas de la vida, el amor al campo y
a mi querido mar, ese mar tibiecito de grandes olas que consoló mi
llanto tantas veces; le digo adiós una vez más a mi amado Papito José,
mi roca, mi ejemplo, mi ángel enviado del cielo.
Con un dolor profundo me despido de mi hermanito ya todo un
joven universitario,
que sé extrañaré a diario,
Le digo adiós a mi México lindo y querido, me voy a despertar con
otro sol, otro idioma, nueva gente, nuevas metas, y una vez más tengo
un niño conmigo pero ahora no son mis hermanitos, es un pedacito
de mí, y de mi alma, mi acompañante sincero, mi primogénito, mi
amado Andrei, nos vamos a USA.

ANAHEIM

Cómo la vida me trae al lugar más feliz del mundo
a las nuevas calles, nueva gente y nuevas costumbres.
Tu lenguaje extrangero que me aprendí con mucho esmero.

Cuanto he vivido a tu lado, caminando a diario en tus
parques, escuelas e iglesias.
Me has dado amigos, amores y hasta un hijo.

Es increible pensar que los caminos que piso hoy
los recorrió primero Papito José hace 80 años,
y yo aquí tratando de olvidar el recuento de los daños.

A tu iglesia de San Bonifacio que con tanto amor en su
celebraciones me dió un espacio.
La biblioteca central que es y será mi lugar favorito;
entre lecturas, cuenta cuentos, talleres de costura
y cocina con mis hijos siempre la pasamos muy bonito.

Generaciones llegaron y se fueron, generaciones
como la mía tal vez se irá y seguro mis hijos aquí
se quedarán.
Cual sea nuestro destino nunca te voy a olvidar.
Anaheim querida que por muchos años fuiste mi hogar.

EL ÁRBOL Y YO

Y como éste árbol de pie..

Cuando llegó la tormenta y tiró
todas sus hojas, siguió de pie.

Cuando el viento sopló tan fuerte
y quebró todas sus ramas,
siguió de pie.

Cuando el fuego invadió sus entrañas
por un rayo incandescente,
él siguió de pie.

Y cuando empezó a secarse,
y a carcomer ya sin esperanza;
llegó una mamá lechuza
y sus polluelos a pedir refugio.

Después una inquieta ardilla
proclamó su hogar en
éste árbol que a pesar
de todo, sigue de pie.

Y yo como él,
a pesar de las
inclemencias humanas
¡TAMBIÉN SIGO DE PIE!

ETERNO DUELO

¡AAAAAAHHHHHH!
Cómo me duele el dolor, cómo me duele ésta vida,
cómo me duele saber que he vivido en duelo toda mi vida…
Si ya se que no se me ha muerto nadie,
pero no necesito la muerte para llorar,
no necesito un muerto para sentir este dolor que me
carcome el alma,
las pérdidas en mi vida me duelen,
me cansan, me persiguen, no me dejan dormir,
y cuando lo logro no me quiero despertar.
Ése letargo agotador que te inmoviliza,
te hace inútil, te llena el alma de resentimiento,
de tristeza, no hay lágrimas suficientes para llenar este vació.
Ese agujero en mi corazón que se desgarra
y se desangra.
Un corazón con un callo que se endurece cada vez más.
Mi duelo es eterno y mis pérdidas constantes,
tanto que ya ni apago las velas de mi altar.

II. ¿QUÉ HACER CUANDO TE ROMPEN EL CORAZÓN?

Versión del dos mil

1. LO ACEPTAS
2. LO EXTERNAS
3. ESTUDIAS O TRABAJAS
4. CUIDAS TU CUERPO
5. VAS A TERAPIA

MUJER NORMAL

Cuando tu cuerpo es maltratado y tu mente está entumida,
es muy difícil despertar al corazón que llora.
Y que late con fuerza y con miedo al mismo tiempo.

Tengo que actuar normal.
Así tiene que ser ¡Eres una mujer fuerte! Tienes que aguantar,
No a la primera te tienes que ir.

Esas palabras golpean mi cabeza cada vez que quiero huír,
quiero correr quiero volar, y me arrastro a la salida, pero el miedo
me ataca, me jala y me amarra.
(Sí los dos: el miedo y Él)
Otra vez me lastima y luego me abraza y me besa
y me dice que me ama.

Yo quiero actuar normal.
Pero mi cuerpo lo rechaza y se encoge al sentir su
aliento en mi cara.
Mi corazón hace tiempo que dejó el amor por él
y ahora sé que por mí también.

Debo actuar normal.
La mujer es la que lleva la relación,
TÚ DEBES ceder de vez en cuando.

Y vuelven los pensamientos e ideas
aprendidos desde el vientre:
Mujer que sufre es buena.
Mujer que es humilde
donde quiera cabe.

¡¡Yo no quiero entrar, ni caber o embonar en ningún lado!!
¡¡YO QUIERO SALIR!!

¿Cómo le explico a mi alma que está perdiendo la batalla?
¡Sii! ¡Tú puedes!
¡Tú eres fuerte!
¡Tú eres hermosa!
¡Tú eres inteligente!

¿Y porqué me dejo mancillar?
¿Por qué tengo que ser normal?

Y ahí viene otra vez el miedo y él que
me asfixian al mismo tiempo.

Cuando no accedo a sus caprichos, me abraza y
me aprieta tan fuerte que mi respiración se reduce,
me suelta e inmediatamente me pide perdón, llora y grita
y me jura que nunca más.

Hoy fué un día normal.

Cuando era maltratada no sabía cómo respirar,
no entendía cómo ser *una mujer normal.*

¡Y NO LO ENTENDÍ!

¡YO SOBREVIVÍ!

¡NO ME MORÍ!

¡Y LLEGUÉ HASTA AQUÍ!

¡Y ESTOY AQUÍ!

YO SOY

Yo soy esa flor con aroma
Que nunca se abrió.

Yo soy esa agua dulce del manantial
Que nunca corrió.

Yo soy esa alma de niña
Que todo le dolió.

Yo soy esa ave alegre que quiso volar
Pero sus alas quebró.

Yo soy ese árbol frondoso
Que un rayo fulminó.

Yo soy el sol radiante
Que la nube negra cubrió.

Yo soy la tierra mojada
Que la sequía evaporó.

Yo soy la nieve blanca
Que el calor derritió.

Yo soy la milpa verde
Que el mal tiempo marchitó.

Yo soy el corazón latiendo
Que un mal amor rompió.

Yo soy el dia brillante
Que la noche opacó.

YO SOY LA FLOR CON AROMA
YO SOY EL AGUA DULCE
YO SOY EL ALMA DE NIÑA
YO SOY EL AVE ALEGRE
YO SOY EL ÁRBOL FRONDOSO
YO SOY EL SOL RADIANTE
YO SOY LA TIERRA MOJADA
YO SOY LA NIEVE BLANCA
YO SOY LA MILPA VERDE
YO SOY EL CORAZÓN LATIENDO
YO SOY EL DÍA BRILLANTE

¡Resiliente!
¡Valiente!
¡Suficiente!
¡Sonriente!
¡Diferente!

Que al final de la vida en la transición pedida…

¡Triunfó!

¡Construyó!

¡Voló!

¡Subió!

¡Gozó!

¡Corrió!

¡Perdonó!

¡Sanó!

¡Brilló!

¡Floreció!

...¡Y amó!

CUANDO YO MUERA

Quiero una gran fiesta en mi honor,
ya saben que amo el mariachi y de
las flores su olor.

Cuando yo muera quiero alegría,
canciones y algarabía.
Nada de llantos ni
qué buena era
todos felices porque viajo a mi origen
por una nueva era.

Cuando yo muera quiero que
me entierren debajo
 de un árbol frondoso
quiero regresar a la tierra
y florecer algún día en un rosal esplendoroso.

YA ME TOCAN LAS MADURAS

Después
de
tanta
verde
ya
me
tocan
las
maduras.
Merezco
disfrutar
de
la
vida
antes
de
que
me
den
sepultura.

ENCENDIENDO MI FUEGO

Quemé mi dolor
y lo llené de color.

Le dí a mi vida el sabor
y sentí el verdadero amor.

Dejé de querer ser la mejor
acepté mis fallas y
le dije adiós al temor.

De la orquesta yo soy el tenor
y por siempre y para siempre
me amaré con fervor.

MÉXICO

MÉXICO

Mi vida empezó en tí,
en tu tierra dorada y fértil.

En tus brazos crecí
y me llené de fortaleza;
excepcional tu valor
y tu belleza.

Inigualable tu gente.
Al recordarte me
lleno de gozo,
como nunca te extraño.
¡Oh MÉXICO glorioso!

MEXICANA NORTEADA

Norteada
Cansada
Ilusionada
Decepcionada
Abandonada
Encantada
Asfixiada
Emocionada
Atarantada
Frustrada
Anonadada
Apasionada
Asustada
Aletargada
Estresada
Engañada
Desesperada
Demacrada
Enamorada
Arriesgada
Alucinada
Entusiasmada

MÉXICO TE EXTRAÑO

México lindo y querido[6]
si muero lejos de tí,
que digan que estoy dormido
y que me traigan aquí,
aquí a mi tierra amada
De donde un día me fuí.

México lindo y querido
país que me vió nacer
con el canto de los pájaros
el olor a canela con pan
llegué un día al atardecer.

México amada tierra
Bendita de Dios,
me dueles, me alegras,
me lleno de nostalgia
recordando cuando
te dije adiós.

Michoacana, moreliana
con tintes colimotes de
plátanos, cocos y papayas;
como olvidar los días que
amanecía durmiendo en tus playas.

---

6   Mexico lindo y querido" por el compositor Chucho Monge.

¡México yo te llevo conmigo!
¡A donde quiera que voy!
Te extraño infinitamente
ahora que en tu
suelo no estoy.

México de flores
canciones y amores,
eres savia, ungüento y alivio
a todos mis dolores.

¡Viva su gente, sus colores y todos
sus sabores!

¡VIVA LA TIERRA DE MI PADRE!

¡VIVA MÉXICO SEÑORES!

AMOR Y FLORES

Amor y flores es lo que quiero
en mi vida,
amor a mí
amor a esta tierra bendita
y a las flores que crecen en ella.

Amor a mi familia,
amor a mis amigas y amigos
y amor a los desconocidos.

Amor y flores para el alma,
flores para sonreír,
flores para vivír.

Amor y flores para tí
amor y flores para mí.

La vida ha sido recia conmigo
y yo se que también contigo.

Pero la vida también es bondadosa
me llena de alegría, amor y
cosas hermosas.

Amor y flores para tí
amor y flores para mí.

Y SI ME MUERO MAÑANA...

Y si muero mañana,
¡Hice lo que me dió la gana!

Me harté de sufrir,
¡Y comencé a vivir!

Sin rencores ni reclamos,
¡Ese cajón ya lo cerramos!

Dejando atrás el pasado,
¡Cuántos logros he alcanzado!

Sin planes ni agendas,
¡Exploro nuevas sendas!

Fuera culpas y dolores,
¡Solo quiero amar a mis amores!

Sana, hermosa y liberada,
¡Sin apegos nunca más atada!

La vida me ama y yo a ella,
¡Brillo ahora como una estrella!

Yo solo me ocupo de amar,
¡Y mejor aún a perdonar!

Gracias a Dios por la sabiduría,
¡Sin tu mano guía no lo lograría!

Todo a llegado en buen tiempo,
¡Y claro! ¡Éste es mi momento!

Dejando fluir mi alma,
al fin he encontrado la calma…

PAOLA

Ya es hora de cosechar los frutos, la siembra ha sido pesada,
con sol intenso y pocas lluvias; pero tus huertas no se
secaron por el mal temporal, buscaste el agua sin descansar.

Recuerda apartar las semillas de las frutas más dulces como
te enseñó Papito José; ya aprendiste cuando sembrar el maíz y
cuándo trasplantar las papayas.

Ya sabes donde y cuando abrir tu corazón y dar y recibir todo lo
bueno que te mereces.

Ya no te preocupes más, ama sin límites y acepta todo el
amor que está destinado para tí.

Atentamente:

La niña de tus ojos.

**"MUJER QUE
AYUDA A SU HERMANA
EN ÉSTA TIERRA,
TIENE LA GLORIA GANADA"**

Papito José

III. ¿QUÉ HACER CUANDO TE ROMPEN EL CORAZÓN?

Versión del dos mil veinticuatro

1. LLORAS UN CHINGO
2. TE DUERMES
3. VUELVES A LLORAR UN CHINGO
4. COMES LO QUE SE TE DA LA GANA
5. SIGUES ADELANTE

PARA USTEDES MUJERES

Mujeres de éste mundo agitado,
sigan adelante no decaigan;
volverá a ustedes lo que se
les ha quitado.

Mujeres de ésta tierra santa,
son luz, amor y cobijo;
con sus manos la cosecha
se levanta.

Mujeres de ésta tierra insensible,
con sus esfuerzos y cuidados;
hacen que vivir
sea posible.

Mujeres de acero, barro y arena,
lloren, griten y clamen sus logros;
porque su dolor
ha valido la pena.

Mujeres de amor y flores,
gracias por sus manos mágicas;
que siempre curan
dolores.

Mujeres de agua dulce y de sal,
abrácense, perdónense si
algo ha salido mal.

Mujeres que han sido amadas,
apoyen, impulsen
y abran sus brazos a su
hermana abandonada.

Mujeres mantengan viva
su esperanza,
dadoras de vida y corazón fuerte;
porque por ustedes éste
mundo avanza.

¡NACÍ Y MORÍ!

Nací
Viví
Morí
That's it?

But, also…
Gatié
Caminé
Y casi volé.

Comí
Bebí
Mentí
Sufrí
Perdí
¡Ah! Y también parí.

Besé
Soñé
Rogué
Me casé
Me divorcié
Me junté
Me separé
Y también regresé.

Also,
Estudié
Esperé
Experimenté
Trabajé
Amamanté
Apapaché
Adoctriné
Y también me enamoré.

Me callaron
Me pegaron
Me fallaron
Me alabaron
Me amaron
Me abandonaron
Y también me encontraron.

Now we're talking!
Mi cabeza pensó
Mi cuerpo sintió
Mi alma lloró
Mi corazón amó
Y todo se acabó
¡La muerte hoy me llevó!

CIEN AÑOS

Aquí estamos pues, cien años después.
Con la vida atada y el alma desgarrada.

Amado Papito José se que esperas que se abra de la casa el portón;
Lo único que puedo decir es que te llevo en mi corazón.

Aquí estamos pues, cien años después.
Tú en la hamaca esperando y yo a Dios rezando.

Tu vida la mía por siempre estarán juntas, aunque estemos separados;
Mi amor por tí, tus enseñanzas y palabras los tengo ya tatuados.

Aquí estamos pues, cien años después..
Con la esperanza agotada pero no derrotada.

Ya le pedí a todos los santos que me hagan el milagro de volver
a verte;
Ésta premura les molesta quizá, pero quiero ganarle a la muerte.

Aquí estamos pues, cien años después..
Tú allá y yo aquí muriendo lentamente desde que me fuí.

Eres un hombre de palabra yo lo sé, recuerdo la promesa que
me hiciste;
Me esperas con los brazos abiertos y una agüita de coco me dijiste.

Aquí estamos pues, cien años después.
Unos días llorando y otros con el reencuentro soñando.

Padre mío te extraño tanto, todo me habla de tí;
Y mi alma me reclama mil veces por qué me fuí.

Aquí estamos pues, cien años después.
Tú rezando al cristo negro de tu altar y yo aquí sin poder viajar.

El hueco en mi estómago se agranda y late muy despacio mi corazón;
Tantas leyes han pasado y para mí no hay nada dice migración.

Aquí estamos pues, cien años después.
Yo contando los meses y los días para abrazarte otra vez.

Ya no quiero extrañarte, quiero escuchar tu voz y tus manos tocar;
Quiero cortar las teresitas frescas y ponerlas contigo en el altar.

Aquí estamos pues, cien años después.
Tú aferrándote a la vida y yo a veces con la ilusión perdida.

Tu legado me sostiene para seguir adelante en mi camino;
Y cada día duele más aceptar que éste es sea mi destino.

Aquí estamos pues, cien años después.
Tú y yo separados, pero con el amor infinito conectados.

Quiero que el mundo sepa todas tu batallas y alegrías;
Que sepan que tú has luchado y vivido también las mías.

Aquí estamos pues, cien años después.
Yo jugando a ser poeta y que tus historias no queden en mi libreta.

Tus manos fuertes, trabajadas y llenas de historias por contar;
Ahora solo sostienen un rosario para cuando es tiempo de rezar.

Aquí estamos pues, cien años después.
Tú con el alma llena de amor y yo con una gran pena y dolor.

Tú pidiéndole a Dios todos los días por la paz del mundo;
Y yo aquí rogando por estar contigo aunque sea un segundo.

Aquí estamos pues, cien años después.
Yo se que todo valdrá la pena por eso no hay fín en este poema.

TE AMO HASTA EL SOL PAPITO JOSÉ.

AGRADECIMIENTOS

A mi familia, amigas y amigos que han creído en mí en todo momento, y me motivan a ser mejor e ir en busca de mis sueños.

A mi amado Papito José, que sin él nada de esto sería posible.

A mis amadas hermanas Karina y Florecita por su amor incondicional, a mi hermano Gonzalo que sé que este libro le llenará el corazón y a Gerard el peque.

A Kennia que vió este libro primero que yo; que se imaginó leyendo mis poemas y me empujó a imaginarlo y crearlo.

Gracias a mi gran compañero George que me ama sin condiciones, me consiente y me hace el mejor café en las mañanas y que día y noche me vió escribir y llorar al mismo tiempo y me secó las lágrimas y me alentó a seguir para terminar el libro.

A mis hijos Andrei y Dylan que amo infinitamente, y en todo momento han sido mi motor, mis compañeros de alegrías y momentos difíciles. Quiero recordarles que pueden soñar y despertar, cambiar el rumbo de su destino la veces que quieran y sean necesario. Lo único que importa es que sean felices.

Gracias a mi comadre Angel Sauceda por abrirme puertas y darme oportunidades para desarrollarme más. Gracias por darme esos 15 minutos extras en la computadora de la biblioteca para poder terminar mis trabajos hace ya 18 años; gracias por querer mi bien siempre, gracias por motivarme e inspirarme a hacer lo que hago ahora.

Mimi querida; gracias por estar en mi vida por tantos años y por tanto amor y cuidado hacia mi y mis hijos; (tú y yo sabemos que si sobrevivimos al día más caliente del año, podemos con todo)

Julie García gracias por todo y por tanto, gracias por ofrecernos un techo seguro a mis hijos y a mí cuando más lo necesitamos. Leonor Conant gracias por darme la oportunidad de trabajar contigo y enseñarme a ser una gran proveedora de cuidado infantil.

Gracias a Mariana Sánchez-Williams y a Alessandra Rosaldo por crear Método M ya que con sus famoso bootcamp me impulsaron a ejercitarme nuevamente y salir del letargo en el que me encontraba y a través de ustedes encontrar la bella comunidad de nuestro Team MM bootcamperas y corredoras que ahora son parte de mi vida y de mis logros.

Gracias a mi buena amiga Sonia Cruz que desde el primer momento que nos conocimos me ha apoyado y promovido mis proyectos sin parar. Gracias por su cariño constante, hay un antes y un después en mi vida desde que la conocí, lleno de aprendizajes, alegrías y sueños cumplidos.

A mi querida LCDL8 "La Cumbre de las 8" mis amigas que no me han soltado, que me quieren, cuando lloro, cuando río, que me consuelan cuando estoy triste y me alientan cuando dudo de mí. Gracias por su apoyo incondicional Evelyn, Mabel, Cheli, Marysol, Tere, Kennia, y Jenny. Gracias Gloria Astudillo por decir sí a mis proyectos y trabajar conmigo.

Gracias Evelyn por ser la amiga tan especial que eres, mi apoyo incondicional y mi aliada, Mabel gracias por tu alegría y fortaleza que me enseña tanto, Cheli gracias por tu compasión y cuidado hacia mí, Tere gracias por tu ejemplo de
perseverancia y trabajo constante, Marysol gracias por ver siempre lo bueno de mí y ser excelente consejera.

Gracias Edgar y Claudia Barua por su apoyo y ayuda en los momentos más importantes de mi vida, los quiero mucho.

Kiran y Rory muchas gracias por todos los recursos que me otorgaron y contribuyeron a construír mis sueños.

Gracias a Mary Carrillo que desde el día uno que la conocí en Butterfly Effect brunch en 2021 mi vida cambió; al siguiente año publiqué mi primer libro infantil, y ahora mi primer libro de poesía. Gracias por impulsar a mujeres
como yo.

Especial Gratitud a Loni Paniagua presidenta de Amigas Social Club y Casa Bloom que en cuanto vió una oportunidad para presentar mi primer libro infantil "NO ME GUSTA EL BRÓCOLI" no dudó en recomendarme al Festival Boca de Oro que me llevó a conocer a Brenda Vaca que culminó en mi primer libro de poemas.

A Fullerton Museum Center y Elvia Rubalcava por darme la primera oportunidad de estar en un micrófono y compartir mis poemas.

A mi querida Diosa Xochiquetzalcóatl por creer en mí, por darme oportunidades de participar, por abrirme el camino y apoyarme a cada momento.

Gracias Casa Verde por recibirme con tanto cariño y brindarme un espacio libre para abrir mis alas y darle palabras a mis pensamientos. Gracias Lindsay, Ruben y Daniel por las buenas vibras.

Güido Mendoza, Alex Petunia, Andy Sánchez, Juan Amador, Mariana Franco, Xochitl Julisa Bermejo, Brian Dunlap, Andrew Zaragoza, Mauricio Moreno, Anastasia Fenald, Juan Farías ¡GRACIAS!
Por inspirarme, gracias por el ejemplo, gracias por considerarme parte de la palabra escrita.

Gracias Linda García, In luz we trust por tu audacia y valentía que me impulsó a no poner excusas sino acciones, a manejar mi dinero de forma inteligente, a controlar mis miedos y trabajar por mis sueños.

Gracias a todos los espacios que me han abierto las puertas sin condición y con entusiasmo, gracias otra vez CASA VERDE, FULLERTON MUSEUM CENTER, ReARTE CENTRO LITERARIO, THE GODDESS MERCADO BOUTIQUE, SIMS LIBRARY, BOCA DE ORO FESTIVAL, LATINA WRITERS CONFERENCE, ANAHEIM CENTRAL LIBRARY.

Gracias infinitas a mi querida amiga Brenda Vaca, por crear un espacio para mí, gracias por abrir tus alas y dejarme entrar, gracias por tu cobijo, tu impulso y por incluírme en todos tus proyectos, gracias por no dudar y apostar por mí, gracias a RIOT OF ROSES Publishing House por todo el apoyo en la publicación de este libro.

GLOSARIO

Cazanga.- Instrumento de campo, con usos similares a un machete solo que curvado.

A de O.- Iniciales de la compañía Autobuses de Occidente muy popular en los 90 's.

Huesillo.- La vara seca que queda de la hoja de palma, utilizada para hacer las paredes de las casas de palma.

Coco de cuchara.- Coco muy tierno que al partirse su carne es muy delgada y suave, para comerlo, a la cáscara se le corta un pedazo simulando una cuchara.

Pepitoria.- Dulce típico de México, elaborado artesanalmente con varias semillas y como cacahuates, pepitas de calabaza, ajonjolí endulzado con piloncillo o azúcar.

Redilas.- La carrocería de las camionetas de trabajo, hecha de madera y utilizada para transportar animales como puercos, vacas y caballos, ideales para transportar grandes cantidades de granos, limones y cocos.

Gorupos.- Animalitos muy pequeños como puntitos, regularmente son las gallinas las que se llenan de ellos y se pasan también a los perros, gatos y humanos.

Palapa.- Hoja de la palma (palmera), se usa para hacer los techos de casas principalmente en zonas rurales de las costas del país.

BIOGRAFÍA

Paola Gutiérrez mexicana radicando en el sur de California. Nació en Morelia, Michoacán pero pasó los primeros 12 años de su vida en Colima con su abuelo; regresando a Morelia a terminar la secundaria, preparatoria y la universidad donde estudió la Licenciatura en Derecho en la UMSNH Universidad Michoacana de San Nicolás de Hidalgo concluyendo en el 2001.

Empezó a litigar en un pequeño Despacho Jurídico para posteriormente trabajar en el Tribunal Unitario Agrario de Morelia; 2 años después se incorporó al INEA (Instituto Nacional para la Educación de los Adultos) alfabetizando a más de 200 mujeres y hombres enseñándoles a leer y escribir.

En 2006 llega a Estados Unidos a la ciudad de Anaheim con su primer hijo Andrei; empieza a estudiar inglés en la primaria de su hijo para luego integrarse a estudiar en NOCE (North Orange Continuing Education) de Anaheim donde obtuvo su certificado como maestra de kinder en 2009.

Ha trabajado con niños y niñas por más de 15 años, entre maternal y prekinder, incorporando siempre planeaciones bilingües y en español.

Paola es una mujer multifacética, escritora, cuenta cuentos, podcaster, oradora pública y danzante azteca.

Desde catequista en San Bonifacio, voluntaria en la biblioteca central de Anaheim, líder y maestra de danza azteca del grupo Tonantzin; enseñar ha sido siempre su objetivo principal; desde canciones, pasos de baile, oraciones, números o letras.

A lo largo del tiempo dando clases a los niños, siempre tuvo la inquietud de escribir cuentos infantiles, por lo cual crea un canal de youtube y un podcast llamados "El libro feliz y yo" donde lee libros infantiles en español de escritores de todo el mundo.
En 2021 crea un podcast en español llamado 2 Mexicanas Norteadas con su amiga Gloria Astudillo donde comparten historias de éxito, trabajo y esfuerzo de de mujeres mexicanas viviendo en Estados Unidos.

En Marzo de 2022 publica su primer libro infantil ilustrado bilingüe titulado "No me gusta el brócoli" "I don't like broccoli" inspirado en su hijo Dylan el libro aborda de manera divertida como a los niños no les gustan muchas cosas, ya sean sus materias, actividades o deportes, y en las que sí les gustan son excelentes y aman lo que hacen, mostrando que todos los niños son diferentes y sus habilidades también.

Continuando con su misión de ofrecer más diversidad y bilingüismo; en Julio de 2023 publica su segundo libro infantil ilustrado, titulado "Yo lloro" "I cry" también bilingüe y para niños más chiquitos donde contesta la pregunta más común: ¿Porqué lloran los niños? Integrando a los miembros de la familia y mostrando que con amor y cuidados los niños dejan de llorar.

En 2024 publica un libro más, ahora de poesía y completamente en español, el cual tienes hoy en tus manos y se titula *LA NIÑA DE MIS OJOS*.

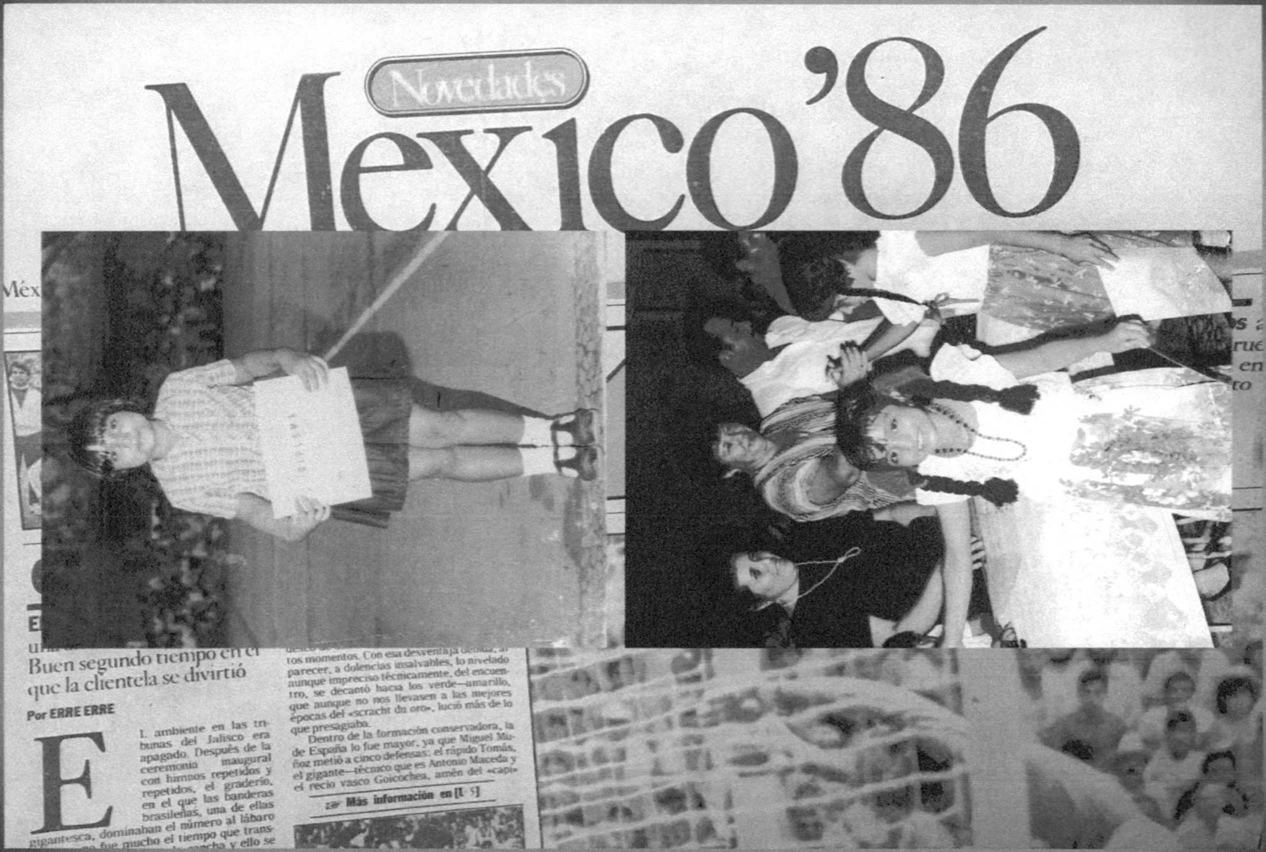
Novedades
México '86
Buen segundo tiempo en el que la clientela se divirtió
Por ERRE ERRE
EL ambiente en las tribunas del Jalisco era apagado. Después de la ceremonia inaugural con himnos repetidos y repetidos, el graderío, en el que las banderas brasileñas, una de ellas gigantesca, dominaban el número al lábaro
tos momentos. Con esa desventaja debida, al parecer, a dolencias insalvables, lo nivelado aunque impreciso técnicamente, del encuentro, se decantó hacia los verde—amarillo, que aunque no nos llevasen a las mejores épocas del «scracht du oro», lució más de lo que presagiaba.
Dentro de la formación conservadora, la de España lo fue mayor, ya que Miguel Muñoz metió a cinco defensas: el rápido Tomás, el gigante—técnico que es Antonio Maceda y el recio vasco Goicochea, amén del «capi»
Más información en

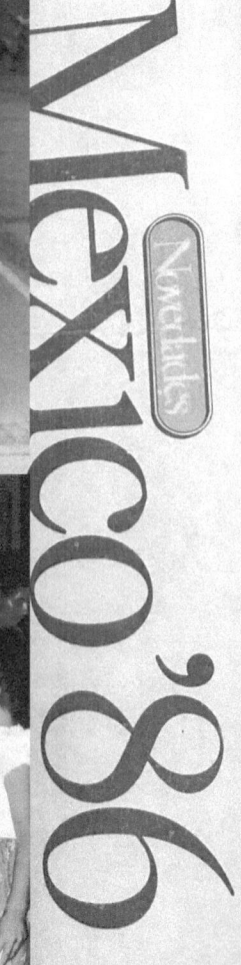

ACERCA LA CASA EDITORIAL

Casa Editorial Rebeldía de Roses fue fundado en 2021 especificamente para amplificar historias y voces de pueblos historicamente silenciadas.

Empresa xicana. Mujerista. Para El Pueblo.

Publicamos libros que sanan y liberan.

Lea nuestra rebelión.

ABOUT THE PUBLISHER

Riot of Roses Publishing House was founded in 2021 specifically to amplify the stories of historically silenced voices.

Xicana owned. Mujerista focused. For the people.

We publish books that heal and liberate.

Read our rebellion.

RIOT OF ROSES
PUBLISHING HOUSE
SEJATNGA
UNCEDED TONGVA TERRITORY
SOUTH WHITTIER, CALIFORNIA